너무 오래
걸었다

서양숙 시집

문학의전당 시인선
132

너무 오래 걸었다

서양숙 시집

문학의전당

시인의 말

나는
창 이 끝과 저 끝 사이를
휙, 지나가는 새일 수도 있다.

새의 발자국을 보는 이 얼마나 있을까.
흔적의 수명은 얼마나 될까.

부끄럽단 말은 하지 않으련다.
너무 오래 걸었다.

다만 충실하지 못했던 내 삶과 시에게
미안할 뿐이다.

2012년 여름
서양숙

차례

시인의 말

제1부

화원 13
143번 버스 14
증명사진 16
고통의 문자 17
여름 마당 18
순간 19
시작詩作 전 노트 20
이름이여 21
칼의 면역 22
잠을 묻다 23
몸살감기 24
하얀 민들레 25
떨림을 놓치다 26
낙화와 동행 28
검은 벨벳의 자장가 30
관심 32

제2부

푸른 줄무늬 애벌레 35
내 신전을 다녀온 적이 있었네 36
귀가 38
어버이날 40
꽃물이었네 41
노인은 지구를 들고 42
아침 43
드림 이노베이션 44
순종이라는 제목의 책 46
진화, 파괴의 남은 그림 47
내교리 개천 48
손 49
빗소리 50
전류 51
유산 52

제3부

오래된 연애 55

거울 속 밀랍을 보는 밀랍 56

글자를 새기다 58

비행기 제국 59

허기 60

새는 61

노랑지빠귀 62

숯덩이 비둘기 63

배꼽을 잠그며 64

구름이라는 감정의 당신 65

꽃뺨 66

손톱 67

꿈꾸는 남자 68

불면, 나무를 꿈꾸다 70

야향화 72

제4부

하루 75
홍게 76
이별, 방법을 논하다 78
단풍 79
논우렁이 80
이글루 인 이글루 81
흑백 실크스크린 82
공중부양 84
참새 85
로즈마리 화분 86
인레이 87
꽃동네 할머니 88
사춘기 89
버드나무 이파리에 찔린 깊은 강 90
무궁화 꽃이 피었습니다 92

발문 | 오래된 연애, 파토스, 그리고 93
오인태(시인 · 문학평론가)

제1부

화원

논냉이꽃 점점이 핀 화원을 걸어 들어간다
꽃무늬 팬티를 걷어 손 다림질을 하고 있다
줄기 끊어진 논냉이 꽃이 보인다
색 바랜 꽃잎이 있다
꽃 이파리 떨어져 나간 꽃도 있다
누가 이 화원을 다녀갔는가
빨래줄 얹어있던 자국
손바닥을 밀어 다려본다
몇 번을 삶아 느슨해진 고무줄
오래된 화원 울타리 헐어져 있다
다녀간 흔적이 숨어있다 다시 피어오른다
논냉이꽃 다시 피어난다
손 다림 지날 때마다
봉오리 톡톡 터트리고 있다
팬티 가득 냉이냄새 진동한다

143번 버스

색 바랜 체크남방을 입은 소녀가 성경을 보고 있다
염색한 소녀의 머리가 군데군데 갈라져 있다
창세기는 언제 넘겼을까
소녀 앞좌석, 가나안에게 하체를 드러낸 노아가 정신없이 졸고 있다
잠이 깊어질수록 벌어지는 다리
서있는 청년에게 가 닿는다
침을 묻혀가며 책장을 넘기는 소녀
머리가 움직일 때마다 별모양 핀이 반짝거린다
창밖은 어둑해지고 심란한 표정으로
건널목을 건너는 사람들 사이 노래방 간판이 켜지고
24시간 사우나 삼색 간판 바삐 감기고 있다
종로3가를 거쳐 종로4가를 지나는 143번 버스
종묘공원 앞에 정차한다
룻기의 책장을 넘기고 있는가
우리의 시어미 나오미들이 사춘기 소녀가 되어 저녁거리를 배회한다
새빨간 립스틱 바른 입으로 담배를 물고 소주잔을 들고

있다
기독교 100주년 빌딩이 지나고 이화예식장이 지나고
던킨도넛 매장 분홍빛 조명이 끝나는 곳
리어카 포장 속 젊은 사내가 국화빵을 굽고 있다
버스는 어느새 연등 불빛을 매달고 마로니에 공원 앞을 지난다
비둘기인지 까치인지 알 수 없는 새떼, 느티나무 바닥을 쪼고 있다
책장을 덮고 성경을 만지작거리는 소녀
고린도전서 13장은 몇 번이나 읽어 내렸을까
버스에 오르던 배꼽 티셔츠를 입은 여자
체크하지 않은 교통카드를 들고 돌아서다 소녀의 발을 밟고 만다
택시 승강장과 인파를 피해 동성고 삼거리에 정차하는 버스
어느 신호등을 바라보는가
버스기사는 구부정한 등을 보이고 있다

증명사진

봉천역 계단에 떨어져 있는 증명사진 하나
비장함에 초점 맞추었을 눈이
발자국을 비켜가고 있다
쫓기는 눈에는 모두가 달려드는 것 같아
나와 사내의 눈이 마주쳤다
용도가 있는 사진의 눈은 슬퍼
증명사진이라는 말도 아프네
머리를 증명하고
눈과 코와 입을 증명하고
더 세밀하게 상상이 되어야 하는 웃는 얼굴
나를 증명할 수 있는 것은 어디에도 없는데
증명하기 위하여 살아야 하고
더 찍어야 하네
추가하는 만큼 추가하는 직업
추가되는 가난을 위하여

고통의 문자

시트콤 재방송을 보면서 잠이 들고 텔레비전 전원을 끄면서 잠이 깨는 밤
문자가 날아온다
'왜 잡지도 놓지도 못하는 詩 땜에 오밤중에 혼자 술을 마셔야 하는지 원…'

시를 향한 살가운 고백인가 엄살 섞인 통증인가 시가 되지 못한 것 앞에서 숨 막히는 거 나도 안다

습관성 통증으로 퉁퉁 부어 있는 잇몸
오래된 인레이 속 냄새나는 찌끼, 이와 잇몸 사이
빼도 빼도 남은 것 같은 그런, 여운도 아닌 여운

시큰거리는 이에 혀를 지긋이 누르며 답문을 보낸다
'충치를 갈아 덮어씌운 인레이 그 안에 새로이 자리 잡은 충치'

여름 마당

땀띠 긁던 가지나무
파초 그늘에 손 접어 졸고 있다
낮잠 즐기는 식구들
늘어진 수세미로
종 치며 흔들어 깨워도
한 달 내 먹은 조밥의 노란 얼굴
깊은 잠에 빠져 있다
반쪽자리 볕들은 부엌
이 빠진 사기그릇
삼베행주 덮고 낮잠에 빠져 있다
알루미늄 개밥그릇
핥던 혀도 잠들었다
햇빛 늘어진 마당에
앉으려는 파리
발바닥 뜨거워 뛰는 소리
마당을 돌고 있다

순간

미용실 화장실 벽
모기 한 마리 날개를 펴고 있네
다리를 뻗은 채 무늬가 되어 있네
앉아 있는 모기를 누군가 후려쳤는지
얻어맞은 순간 저를 놓고 가버렸네
몇 방울의 물을 뿌려주면 금세 날 것만 같네
벽을 놓고 어디라도 갈 수 있을 것 같네
누군가 나를 찰나에 놓아버렸다면
모든 순간에서 벗어날 수 있었을 것을
내 혼이 열 개라도 된다면
내 영혼이 자유롭다면
한 순간 놓아버릴 생각 안 했을 거네
누가 이렇게 나를 날게 하는가
생피 쫓아다니는 갈증
모기에게만 있는 것이 아니네

시작詩作 전 노트

시집을 읽다 배에 덮고 눈을 감는다
주차장에서 들리는 쇠와 쇠의 마찰음
모든 소리는 헐벗은 내 언어가 되어 저장되기 시작한다
벨트가 푸득거리며 연료를 끌어내
어디론가 가기 위해 진저리를 친다
눈을 감고 떠날 준비를 하는 자동차를 듣는다
내게 저장된 소리와 언어
쇠와 고무의 불협화음이
요란한 소리를 내며 점점 멀어져간다
아직도 찾지 못한 일회용 언어가 멀어져간다
황량한 내 몸에 들어오는 소리와 언어들이
끝내 불협화음으로 멀어져간다
차들이 죄 떠나버린 것 같은 텅 빈 주차장
밖을 내려다보니 여전히 많은 차량이 남아 있다
시동을 시도하는 차들은 빼곡하다
다시 시집을 펼쳐 본다

이름이여

울지 마라
세상에 있는 연애들이여
그대들 뜨거울 때 세상은 저편에서 모른 척했다
지금 울고 있는 연애들아
어찌 슬프다 말하지 못하고 비밀을 가졌느뇨
세상은 그대 연애들로 인해 흐려진 적 있었으니
창 밖 흩날리는 눈이 어찌
그대들 때문이라고 말하지 않을 수 있겠느냐
흐려진 눈빛이여
그 눈물이 어디 마지막일까
연애는 지금도 여기저기 미친 듯 뛰어다니는 것을
이제 뛰어 다니는 발길에 멍들지 않기를 바라노니
연애에 있어 처음의 첫, 이라는 것은 늘 생성하는 것이니
지나간 연애에게 할 말 없으리
이렇게 담담히 말할 수 있는 연애여
끝내 호명해버린
단단히 박힌 군살 같은 내 사람 이름이여

칼의 면역

인스턴트 칼국수 봉지를 뜯어 끓는 물에 넣는다
가지런히 엎드린 칼국수 가닥이 사뭇 순종적이다
냄비의 열기는 안쪽에서 시작되지만 바깥쪽부터 끓기 시작한다
칼을 대지 않고도 봉지를 뜯고
칼이 없이도 먹기 좋은 칼국수를 완성한다
마주보고 앉아 칼국수를 먹는데
굳이 입이 다칠 필요도 없는 후루룩,
칼국수 가닥을 건져먹는다
멀쩡한 혓바닥으로 뜨겁고
날카로운 칼국수를 먹는다
긴 세월 같이 먹어왔던
뜨거운 칼국수를 오늘도 먹는다
전혀 위험하지 않는
입술을 닦아내도 피 한 방울
묻어나지 않는,

잠을 묻다

내가 이리 추워서 웅크리는 것
무덤은 알고 있을까
발이 시려 이불 끝자락 자꾸 말아보는 것
묘지 위 바람은 알고 있을까
한 번의 뒤척임, 하나의 손짓, 발짓
수맥 되짚고 있는 묏자리는 알고 있을까
무덤 속 잠은 얼마나 달고 찹찹한지
문틈 펄럭이는 비닐바람에게 물어볼까
일 년 소파에서 자는 잠
방 가득 집어넣은 살림 속
아이의 잠소리가 실하다

몸살감기

내 몸에 이렇게 많은 마디가 있다니
마디 사이에 수만 갈래 길이 있다니

많은 어미들 달려들어 다투고 있네
근육 사이사이 찢어 가지려 하네
찢어진 수만큼 주인이 있네

목젖을 떼려고 달려드는 아우성
홈을 파고 통로를 만들어
내 살을 끌고 다니네

내가 내 것인 줄로만 알았네
뜻대로 하지 못한 것 이제 알겠네
수만 마디, 수만 갈래 근육이 빠져나간 골목
한기가 덮쳐 골수를 파고드네

내가 빠져나간 자리 통증이 걷고 있네
찢어가진 어미들도 지루하겠네

하얀 민들레

수인선 군자역 철길에서
네잎 클로버 찾아 주겠다며 엎드리던 당신

허리춤으로 보이던 하얀 속옷
풀숲 서성대던 손도 눈이 부셨어요
먼지 속 졸던 풀도 몸을 털었지요

그대 등으로
하얀 민들레
수만 송이 마구 쏟아졌지요
그때, 그랬었지요

떨림을 놓치다

당신, 떨림을 아는지요
미루나무 둥치
나뭇잎의 떨림을 아는지 모르는지
무심히 떠나보내고 맙니다

가장 작은 떨림까지도
그러니까 웃음의 떨림까지도
들어야 하는 것을 말입니다

커피 빈에 갔을 때였어요
주문하고 받아오는 플라스틱 번호표가 부르르 떨자
여자 친구 몸에 갖다 대며 깔깔깔, 떨림을 건네주는
남자를 보았어요

작은 떨림이 들려주는 떨림의 웃음들

당신, 떨어지지 않으려는 두려움이
미루나무 가지 마구 흔들 때

그 떨림이 미루나무 뿌리까지 흔들리게 했던 것

당신, 혹 알았는지요

낙화와 동행

목련꽃 안에
몇 볼트의 전구가 들어 있을까
겹겹 잎 사이
몇 광년의 빛이 다녀갔을까

너무 환하여 떨어지고 있는 집
너무 환하여 누렇게 타고 있는 잎

빛이 빛을 내몰아
어둠이 드러난 자리
목련 잎 사이
가장 짧은 수명이 들어 있었다

한때는 빛이 집이었던
집이 빛이었던

내 집이었나

헤어져도 슬프지 않을 줄 알았다
봄이 대강대강 가고 있다

검은 벨벳*의 자장가

어디서 들리는가, 검은 벨벳의 자장가
사람들의 걸음을 멈추게 하네

검은 잠바를 입은 여인
새까만 손을 뻗어 검은 벨벳의 자장가를 켜며 가네
때 묻은 현을 나지막이 켜며 가네
양버즘나무 입은 거적 만져보고 가네
길가에 있는 것을 잠재우며 가네

여인의 손이 지나는 곳마다
검은 벨벳의 자장가 흘러나오네

사람들은 검은 벨벳의 자장가를 들으며 따라가네
아이를 찾아 뒤를 돌아보는 여인
서서히 따라가던 사람들
여인을 피해가네
검은 벨벳 자장가의 리듬을 놓치네

손톱 하얘지도록 아이를 찾네
언뜻 언뜻 보이는 맨발의 발뒤꿈치에
검은 벨벳의 악보 다시 그려지네

---

* 비로드 또는 우단이라고도 부르는 부드러운 직물

관심

아침마다 창 밖에서 새소리가 난다

열린 창틈으로
집안을 들여다보는 작은 박새
제 머리보다 더 큰 눈으로
내 동정을 살핀다

보이고 싶지 않은 것을
보이고 싶을 때가 있다
들키고 싶지 않은 것을
들키고 싶을 때가 있다

나를 보고 금세 날아가 버리는 박새
내 안을 떠나지 않는 박새

제2부

푸른 줄무늬 애벌레

푸른 줄무늬 셔츠 위
애벌레 한 마리 붙어 있다

무슨 나무에서 떨어졌는지
어디서부터 따라왔는지
푸른 줄을 파먹고 있다

어깨를 털어내자
잔가시를 세우며 몸을 마는 애벌레

얼마나 나를 갉아먹었나

부풀어 있는 네 몸속
내 줄무늬가 들어있다

내 신전을 다녀온 적이 있었네

나는 다곤* 신전으로 걸어 들어가네
육중한 메토프를 받히고 있는 기둥 사이를 들어가네
멀지 않은 기둥과 기둥 사이, 깊은 안개가 흐르네
벽과 벽이 마주보는 곳에 어두움이 차 있네

엑스레이 판독전광판 위 내 가슴뼈
오래전, 내 조상들이 가장 신성한
뼈와 뼈들로 맞추어 놓은 신전

텅 빈 흉골에서 두런거리는 소리 들리네
회색공기를 몰고 데릴라가 걸어 들어가네
음탕한 바람이 가득 차 있네
머리카락 잘린 삼손이
내려앉는 메토프 아래 웅크리고 앉아 있네

정형외과 의사의 눈이 주시할 때마다
데릴라의 조소가 기둥 사이를 좁혀오네

의사는 판독전광판을 끄네
나는 늙은 의사가 바라보던 신전을 나와
무너진 뼈들을 바라보며
신전 부러진 기둥에 복대를 두르며
음산한 공기를 빼보네

---

* 가자에 있는 삼손이 죽은 신전

귀가

마지막 지하철을 타고 돌아오는 길
붉은 띠가 그려진 주유소 담장을 끼고 골목으로 들어왔다
죽은 해충으로 눈꺼풀을 내리고 있는 가로등 아래
낮 동안 끌고 다니던 또 하나의 내 그림자를 보았다
온종일 햇볕 이글거렸던 내 지붕 안은
텔레비전 정전기가 먼지를 끌고 다닐 것이고
김치냄새 혹은 라면냄새가 벽지에 흘러내리고 있을 것이다
방들은 문을 걸어 잠그려고 나를 기다리고 있을 것이고
나는 몇 년째 손끝이 외운 번호를 실수 없이 조용히 누르고
심장을 가라앉히며 몸을 숙이고 들어갈 것이다
발을 빼자마자 끌고 다닌 내 그림자를 신발장에 올려놓으며
또 다른 아침을 기다릴 것이다
아침이 오면 내 집은 나의 외출을 잊을 것이고
나는 또 손을 들어 신발을 꺼낼 것이다

나의 침실 천장은 어느새 동굴로 변해 있을 것이고
나는 검은 이불 속으로 벌레처럼 몸을 말고 들어가 꿈을 꿀 것이다
아! 저건 물고기자리, 천사자리, 왕관자리별을 외치다가
바로 옆, 거위 울음을 닮은 소리에 놀라 꿈을 털고 일어나
나는 귀가를 서두를 것이다

어버이날

포천 공원묘원

파란 추리닝 입은 남자
절을 하고 있다

야구모자 쓴 여자
잡풀을 뜯고 있다

튜브 타는 곰 그림
돗자리 위에서
아이가 뛰고 있다

꽃물이었네

물 한 컵 받아
탠드롱 화분에 쏟아 붓네
한 컵의 물이
꽃가지를 타고 올라가네
줄기 따라 풀물 되어 올라가네
물이 꽃이 되네
꽃물이 되네

너에게 있을 때만
나는 사람이었네

노인은 지구를 들고

다리가 네 개인 지팡이에
두 손을 얹고 딱딱 옮겨가고 있다
들었다 옮겼다 잡았다 딱딱
지팡이에 우주가 딸려가고 있다
지팡이에 묶여 흔들거리는 약봉지
지구가 진동하며
네 발 지팡이에 끌려가고 있다
들었다 옮겼다 잡았다 딱딱
목이 꺾인 목각인형처럼
고개를 숙이고
들었다 옮겼다 잡았다 딱딱
알면서도 나오지 못했던 길을 세며
몰라서 못 찾던 길들을 떠올리며
들었다 밀었다 잡았다 딱딱
가야할 길을 측량하며
들었다 밀었다 잡았다 딱딱
우주를 든 힘으로
들었다 밀었다 잡았다 딱딱,

아침

거실의 불을 켜자 얼굴들이 일제히 도망치네
투명하고 누런빛의 얼굴들
밤새 나를 찾아왔던 얼굴이네
먼 친척의 얼굴이 소파에서 급히 일어나네
나를 쫓던 개는 창문 틈으로 빠져나가네
신문을 집는 다리 사이로 옛 친구가 계단을 내려가네
욕실 거울 속에서 나를 피하는 얼굴
꿈속 얼굴들과 뒤섞여진 얼굴이네
변기에 물을 내리자 나를 찾아왔던 얼굴들이 몸을 말고 들어가네
이제 내가 그들을 찾아가야 할 때
압력밥솥 취사 끝낸 소리
남은 아침을 깨우네

드림 이노베이션

그대가 내게 오네
그의 손끝은 부드러운 청진기
나를 살피고 나의 속으로 걸어 들어오네
그는 내 몸에서 소리를 찾네
귀에서 목으로 등의 골짜기까지
내 몸에서 소리를 듣네
세포 속의 내 소리까지 엿듣고 있네
그의 손끝은 인두
나를 다리고 있네
내 혈관에 줄을 긋고 있네
나는 호흡을 멈추었네
소리가 그쳐 버린 밤
그의 감각이 나를 찾고 더듬느라
그의 소리 들리지 않네
아, 꿈속의 꿈같은
그는 내 몸을 탐하지 않네
나를 찾아 더듬거리네
창문 넘어 새벽기차가 지나네

나는 달큼한 잠에서 걸어 나왔네

순종이라는 제목의 책

그이가
보던 책을 주었다
김칫국물이 떨어진 장을 펼 때마다
나도 밥을 먹으면서 보았다
접어놓은 장이 나오면
책을 접고 잠시 잠을 청했다
장을 넘길 때마다
그의 지문을 찾아보았다
억지로 읽어 내리기도 하다
낮잠이 들곤 했다
자고 날 때까지 잘 있으리라
그도 잠시 쉴 수 있었다

진화, 파괴의 남은 그림

아메바 아니, 그 이전 바다가 말라서 빈 바닷가가 된 백사장에서 모래놀이 하던 아메바 아니, 그 이전의 물고기, 그 물고기의 아버지가 세상은 바다라고 했던, 헤엄치듯 세상을 살라고 했던, 아메바 아니, 그 이전 물고기의 노고 허리의 노동 움직임도 노동인 아메바 아니, 그 이전 이전의 물고기 아메바 아니, 그 이전 이전의 조상을 둔 물고기 아니, 단단한 허리를 가진 물고기 아메바 아니, 멋진 꼬리를 가진 아메바 아니, 그 이전 이전의 물고기의 차마 자르지 못했던 꼬리부터 전기장판 위에서 익어가는 아메바 아니, 그 이전 이전의 아버지가 헤엄치기에 불필요하다며 꼬리를 자르라고 했던 물고기 아니, 나는 헤엄칠 수 있는 물고기 아니, 아메바, 아니, 그 이전 아버지의 아버지 그 아버지 이전의 수많은 아버지를 둔 내 어머니, 아버지가 백사장을 거닐다 장난으로 그려낸 물고기그림 그림,

내교리* 개천

새벽달 걸터앉은 아낙의 방망이질
열두 살 물속 깨우고
버드나무 깨우고
면장댁 작은 손자
버드나무 이파리눈빛으로
물위에 떠다니니
소금쟁이 덩달아 뛰어대고

숨어 보는데
숨어 걷는데
개천 따라오고
버드나무 이파리 따라오고

달은 도망치고
소금쟁이 거슬러 올라가고
자꾸 올라가고

---

* 함평읍에 있는 개천

손

국사봉* 오르는 좁은 길
푸릇한 저 새순을 따고 싶다
아빠를 따라 올라오는
푸릇한 저 아이의 손도 잡아보고 싶다

막 태어난 내 아이의 손을 보며
한 인생이 담겨 있다는
그 몹쓸 두려움에
다시는 세상에 손을 낳지 못했다

더 이상 만질 게 없는 내 손
가여운 내 손

세상을 만져보고 싶은,

---

* 봉천동에 있는 작은 산

빗소리

초록색 천막 위
빗소리 둔탁하다
저렇게 쉴 새 없이 내리는 것은
빗줄기와 빗줄기 사이
마른 곳을 찾기 위해서

내가 누군가를 기다리는 것은
늑골과 늑골 사이
통증 있는 자리
잊기 위하여

전류

하루의 전원을 켜는 당신
몸을 타고 돌다 기억이 멈추는 심장에서
스파크를 일으키는 내 뼛속 당신
십 만km의 내 혈관을 돌고 있는 당신
당신만의 콘센트
그 특유, 기쁨 속 감전된 전류
몸 구석구석
내 자유를 소모해가는 전류
온 몸을 태우고 있는 살 속 전류
혈관 속 당신
당신의 전류
당신이 흐르고 있는

유산

마저 정리하지 못한
엄마의 유품 하나
자식들의 관심만큼이나
거래 뜸한 색 바랜 통장
한 몸
정착할 곳 없었던 말년
테두리 없는 목도장
관절염 약값으로 남은 노인교통수당
팔 만 천 삼 백 원

제3부

오래된 연애

가끔은 오래된 저 여관에 들고 싶어
엉거주춤 일어나 형광등 끈을 잡아당기는 그 연애
이불 밑 깊숙이 손을 넣고 앉았는데 어느새
쥐가 들어와 입술을 깨물어 깠다는 거짓말 같은 연애
벌건 목덜미에 붕대를 감은 그 핑계의 연애
나보다 더 수줍어 주전자 슬쩍 내밀던
내 또래 아가씨의 푸릇한 그 연애
내 이름 써야 할지 미운 놈 이름 써야 할지
고민할 것도 없이 숙박계에 내 이름 한 번
크게 또박거리며 쓰고 싶어
그래, 가끔은 비디오도 음악도 없는 그 낡은 연애
지퍼 사이에 블라우스 단추가 함부로 끼어드는 그 연애
두루마리 화장지 베고 누웠던 그 연애
깨진 타일 벽 나무 대문의 저 여관
저 벽을 열고 다시 그곳에 들고 싶어

거울 속 밀랍을 보는 밀랍

사우나실에 뼈만 남은 앙상한 여인이 들어오네
그녀는 어두운 사타구니가 아닌
얼굴 위에 수건을 덮고 눕네
검은 단추 같은 젖꼭지
종아리와 팔뚝에 있는 굳어 있는 혈관들
어떤 것이 그녀의 살을 저리도 훑고 지났을까

우린 두 뼘 사이로 나란히 누웠네
천마총 유리벽 속,
수백 년간의 침묵이 우리에게 옮겨왔네
땀은 내게만 흘렀네
그녀의 몸에서 탄내가 흩어졌네

매캐한 사우나실의 문을 열고 나가는 그녀
그녀의 엉덩이에 주먹만 하게 있는 헐었던 흔적
화문(花紋)이 뼈를 따라 움직이네
뼈가 걷네
뼈가 뼈를 맞추며 걷네

걸어 본 기억으로 걷네

나는 유리문 사이로
아우슈비츠 수용소의 영상을 바라보네
거울 앞에서 샤워하는 그녀를 바라보네
빈 빨대 같은 혈관 위로 비누거품이 흐르네
거울 속 자신을 들여다보고 서 있는 그녀
밀랍이 들어있네
밀랍이 밀랍을 바라보며 호흡을 받아내고 있네

글자를 새기다

한강대교 타이드아치 아래 여자가 서 있다
발뒤꿈치를 올리고 글자를 새기고 있다

생애 가장 어려운 글자를 쓰는가
차가운 니켈빛 얼굴
타이드아치 그늘 속에서 자꾸 울먹인다

아치 뒤의 하늘은 너무도 푸르다
문득, 푸르고 푸른 것도 쓸모없다는 생각이 든다

얼마나 지워지지 않은 말이 있기에
얼마나 지워지기를 바라는 이름이기에
새긴 자리 녹이 슬지라도 꾹꾹,
글자를 새기는 칼끝 같은 눈

연결이 안 된 자음과 모음
종교보다 높이 하늘을 덮고 있다

비행기 제국

개털을 깎으러 독일로 가는 언니들
낙타 등을 타러 중동으로
들소 떼 보러 베트남으로 가는 오빠들
낯선 부모를 찾아가는 입양아들
왜 고개를 파묻고 비행기를 탈까
왜 떠나는 등을 끌어안고 다독이며 울까
날리는 개털과 낙타의 눈썹과 고엽제와
비행기 안에 퍼지는 아기 울음
남은 우리는 가발에게 머리카락을 잘라 주고
반도체칩 가슴에 심고
떨어진 손톱에 본드를 바르고 있다
돌아온 비행기는
여기저기 의족을 끼고
부모를 찾는 이방인을 싣고 왔다
상처를 외면하는 비행기 제국
언니 오빠의 하늘은 사라지고
이제 비행기는 뜨지도 오지도 않아

허기

양평 동궁가든 주차장
황토 튄 벽 아래 개미들이
한 줄로 가고 있다

주차장 젖은 토사 위
바퀴자국 위를
가로질러 간다

오르막길과
내리막길
제 간격을 지킨다

소나무 아래
빈 개집
발라먹던 뼈다귀가 보인다

새는

후덥지근한 날이었지 한 뼘 열어놓은 현관문 사이로 작은 새 한 마리 날아 들어왔지 새는 작은 방 천장으로 사방 벽으로 저를 부딪치며 나갈 길을 찾았지 나는 내 욕망을 닮은 무단침입을 망연히 바라만보고 있었지 새는 안방으로 들어가더니 나갈 문을 찾아 헤매고 있었지 새는 바라보는 나를 의식하더니 점점 날개를 접어 안방에 발을 딛었지 나는 날개 무게에 흔들리는 새의 발목을 보았지 어떻게 하면 가둘 수 있을까 부리 가까이 몇 톨의 쌀을 뿌려놓았지 새는 풀잎 같은 부리를 더 멀리 갖다 대었지 나는 불안해하는 새의 눈빛을 피해 슬그머니 안방을 나왔지 새는 내가 잠시 눈을 뗀 사이 날아가 버렸지 서툰 날갯짓 끝까지 보기도 전에 내 욕망에 대한 기억까지 가지고

노랑지빠귀

둔덕 허물어져 있는 낙원 묘원
전나무, 소나무, 아까시나무
개울가까지 뿌리를 드러내고 있다

언제 왔는지 노랑지빠귀 한 마리
뿌리를 움켜잡고
뿌리 안을 파헤치고 있다
깊은 곳에 부리를 박고 있다

산등성 나뭇가지는
때까치, 직박구리 새소리
쉴 새 없이 올리고 있는데

노랑지빠귀 갈색 얼룩점
짧은 부리 따라 흔들리고 있다

숯덩이 비둘기

전선 위에 앉아 있던
비둘기 한 마리가
숯처럼 타서 떨어졌다

한 뼘 크기의 평화가
한여름의 전류를 집어삼켰다

가슴뼈까지 타들어 간 비둘기의 주검이
골목 사람들을 불러 모았다

얽히고설킨 전선과
그을린 전신주를 올려다보며
사람들은 짜증을 냈다

정전의 번제로
숯덩이가 된 눈알이
허공에 전류를 쏘아대고 있다

배꼽을 잠그며

천양희 시인의 시를 보려고 단추를 치는데
손은 배꼽이라는 검색어를 치고 있다

내 머릿속엔 단추와 배꼽이 같은 단어였다니

단추를 채우듯 배꼽을 잘 여미라는 것인가
배꼽을 여미듯 단추를 잘 잠그라는 말인가

아직도 불 켜진 새벽 방
실 칭칭 감아 야무지게 단추를 달았던,
단추 열어 배꼽 환히 드러내었던 때를 떠올리며
동그란 경계를 넘나들다
결국 '단추를 채우며'를 읽지 못했다

---

* 천양희 시인의 「단추를 채우며」

구름이라는 감정의 당신

구름의 미동이 전혀 없는 오후, 폭풍이 온다는 예보도 없는데 이상한 기류가 느껴져. 구름을 감정이라는 이름으로 차용하면 어떨까. 빌딩과 빌딩 사이에 꼭 끼어 꼼짝을 못하는 저 감정들, 정지된 모든 것은 움직이는 것을 떠오르게 하지. 당신의 감정도 정지되어 있어, 정지되어 있으므로 아름다웠던 지난 일들만 자꾸 떠올라. 몹쓸 구름, 몹쓸 당신.

갑자기 감정이 무거워져. 그래, 먹감정이야. 정지되어 있는 저 감정들이 문득 낡았다는 생각이 들어. 태초에 어두움이 시작이었으므로 어두움은 빛보다 빠르므로* 서둘러 외출을 준비해야겠어. 또 다른 구름이 밀려오기 전에 나는 당신을 떠나려고 해.

내가 잠시 이름을 바꾸어 불러보는 구름들이 아무 생각없이 흔들리고 있어. 더 이상 당신의 구름을 살펴보는 일이 진력이 나. 혼자 구름을 부르고 떠날 채비를 하는 내 꼴이 보기 싫어. 몹쓸 구름을 가진 당신을 이젠 보내려고 해. 구름이라는 감정이, 구름이라는 당신이 너무 버거워.

---

* 엘리자베스 문 소설 『어둠의 속도』에서 인용

꽃빰

넝쿨장미 숲에서
텀블링을 하는 계집아이들
장미 화관을 쓰고 뛰어 오른다
휘젓는 팔에 너울너울, 온몸에
장미꽃 문신이 새겨진다
허공으로 치솟을 때마다
온몸에
찰싹, 달라붙은 꽃잎들
달아오른 꽃빰
장미꽃보다 붉은 계집아이들
발을 구르며
유월을 훌쩍 넘어간다

손톱

애틋한 눈으로 연인의 손톱을 바라보는 눈이여
먼지 한 점에도 물결 일 듯한 눈이여
갈라진 연인의 손톱이 한없이 애처로운 눈이여

언제까지 바라보려나

자라고 자라는 사랑이
상처를 내고 부러지는 것을
결국은 잘라내야 하는 것을

길어갈수록 잘 다듬어야
손을 꼭 쥐어도 아프지 않은 것을

손톱을 키우고 사랑을 키우고
오늘도 쑥쑥 자라는
사랑을 깨무는 손톱이여

손톱이 자라는 사내의 눈이여

꿈꾸는 남자

당신 꿈을 꾸고 있군요
잠든 얼굴에서 영화를 봅니다
머리 긴 여인과 와인을 마시나요
그녀가 치즈 얹은 크래커를 넣어주는지요
쑥스러운지 아랫입술을 내밀며 받아먹네요
그리고 입을 슬쩍 닦는군요
키스를 마친 후 달짝지근한 침을 닦을 때처럼 말이죠
썩 마음에 드는 농담을 그녀가 던졌나요
눈 밑 두둑한 살에 힘이 주어지네요
돌아서는 그녀의 등이 예쁜가요
당신의 눈동자가 바삐 움직여요
아님, 그녀가 계속 당신 앞에서 수다를 떠나요
그녀의 소리가 심장을 간질거리게 하나요
윗입술이 봉긋, 대꾸를 하시려고 하는군요
왜 갑자기 코를 골아요
그녀가 노래를 하나요
바람도 흥겨운가 봅니다
커튼이 흔들거립니다

꿈에서도 그녀 뒤에 내가 서 있나요
더 꾸어보시지요
제가 커튼 뒤로 더 숨어야겠습니다

불면, 나무를 꿈꾸다

내 다리에 무릎을 올려놓고 자는 당신
두충나무 물관부에 물 흐르는 소리가 나는군요
당신은 거친 호흡으로 곤한 잠에 빠져들고
나는 야산을 오릅니다
나무 층층계단을 지나 숲속을 걷습니다
내 볼에 당신의 콧바람이 닿는군요
어깨를 스치던 애기단풍나무 이파리 하나 툭,
고개를 돌리니 낙엽송 가지 끝을 치켜세우는군요
숨을 몰아쉬며 걷는 사이
당신은 바드득 이를 갈고 나는,
간격이 맞지 않은 돌계단에서 아득한 정상을 바라봅니다
물푸레나무인가요 뭔가를 탁탁 치고 있습니다
몇 번이나 끊어졌다 이어지는 코고는 소리
폭포 물 떨어지는 소리가 가까워지고 있군요
바람은 폭을 좁히며 상수리나무 사이를 오고갑니다
또다시 들리는 당신의 코고는 소리
바위틈으로 들어가 흔들거리는 나무들을 바라봅니다
잠시 당신의 입술이 오므려지며 숲속이 조용해지는군요

몸을 돌려 내게서 다리를 내려놓는 당신
나는 이제야 도래솔 그늘로 들어갑니다

야향화

꽃잎 져버린 줄기와 야트막한 흙
가는 줄기
어디에서 향이 나오는가
얇은 잎 어디에
진한 향을 품고 있는가

내게 이런 열정이 있는 줄 몰랐다
욕망이 나를 자해할 줄 몰랐다

사랑도 희망도 사라진 지 오래

떨어진 이파리를 주워
화분에 넣고 들고 나온다
남은 향이 나를 따라 나온다

제4부

하루

머리를 조아리고 밥을 먹는 여자
식탁 유리 속 헝클어진 머리가 보인다

식탁으로 내려앉은 하루살이
여자의 머릿속을 기어 다닌다
여자의 생각을 갉아먹는다
여자의 뇌리 속을 오간다

언제나, 생각에서 그치고 마는
중년의 하루살이
중년의 아침

하루살이를 쫓는 여자
하루살이보다 느린 여자의 손
여자의 하루보다 긴
하루살이의 하루

홍게

크리스마스 섬 홍게들
대이동을 하고 있다
아스팔트에 붉은 칠을 하고 있다

자동차 바퀴에 횡사하는 홍게
죽음을 피한 홍게들이
터진 내장에 달려들고 있다

산으로 이어지는 붉은 행렬들
노랑미친개미 떼가 눈을 멀게 한 후
홍게의 살을 찢어 나눠 먹는다

얼마나 더 가야 하는가
얼마나 더 걸어야 하는가

바위 끝에 엉켜 있는 홍게들
바다를 보자 몸을 높여 뛰어든다
물살에 떠밀려 가버린다

너무 오래 걸었다
바닷물에 쓸려가 돌아오지 않는다

이별, 방법을 논하다

그래,
이별은 그렇게 하는 것이다
공원가 개나리 피는 듯 지는 듯하고
둔덕의 진달래는 넘어질 듯 피어대고
꽃이야 피든 말든
한 사람은 측백나무를 내려다보고
한 사람은 지나가는 사람을 바라보며
그렇게 이별을 하는 것이다
하얗게 드러낸 여자의 이마가 더 차가워 보이게
남자는 바지주머니에 손을 넣은 채
미안한 표정도 아닌
할 말이 없는 표정도 아닌 침묵으로 일관하는 것이다
뚝뚝 떨어질 줄 알면서
마구 피워대는 꽃들을 뒤에 두고

단풍

맨드라미 물
치자 물
어머니가 들이던 색들

지금은
포천군 소홀면 부인터 산자락을
물들이고 계신다

상석(床石) 위에
무지개떡 꿀떡 부침개까지
물들이고 계신다

논우렁이

해를 뒤로 하고 농수로를 걸었네
콩꽃 핀 논둑길은 보이지 않아
농수로를 따라 길게 걸었네

농수로 벽에 있는 우렁이를 보았네
농수로 물살은 빠르기만 하네
겹겹 물살 입은 우렁이
꼼짝 않고 붙어 있네
물살은 거세기만 하네
물이끼가 우렁이를 싸고 있네

이젠 올라가는 것보다
떨어지지 않아야 하네
오르기에 너무 커져버린 몸
뒤집어쓴 물이끼가 제 색이 되어 버렸네
흔들거리는 콩 이파리 그늘 가끔,
논우렁이 있는 자리
드러내 주고 있네

이글루 인 이글루

얼음벽과 얼음으로 된 바닥
얼음집 속에는 몇 날 며칠
브라운관 얼음을 녹이는 사내가 있다
얼음집 식구들은 하루에 한 번
얼음이 깔린 식탁에서 얼음 낯빛을 숙이고 있다
얼음 달랑 무를 깨트려먹는다
얼음카레라이스를 깨물어 먹는다
목구멍이 얼어간다
얼음 씹는 소리에 귀가 얼어간다
식탁에 형용색색의 얼음이 얼어간다

사내는 입 안 얼음이 녹기도 전
침대로 올라와 저를 해동시킨다
여인은 베개에 얼어붙은 혀를 떼어내
얼음 하나씩 꺼내 나눠 갖는다

나올 수 없는 얼음
아무도 꺼내주지 못한다

흑백 실크스크린

6월 한낮
햇볕을 가리며 걷는데
휙, 지나가는 그림자 하나

그래, 알 수 있다네
그 그림자
새의 그림자라는 것을
내가 밟고 있는 보도블록 위
한 번 꺾인 그림자
넝쿨장미라는 것을

알 수 없는 너의 침묵
알 수 없는 상황들
이것은 생소함의 시작
사실은 끝이 난 것

나는
그림자 위에 참새 깃털과

장미꽃 그림자
꽃다운 색을 찍으며 걷네

공중부양

공중에 매달린
13평 베란다

붉은색 고무대야 안테나를 매달고
노인이 구조요청을 하고 있다
구부러진 등으로
하얀 빨래를 털고 있다

난파한 한 척의 배
전파 두절인 안테나를 단 채
노을 속으로 밀려가고 있다

참새

비오는 골목의 참새
빛처럼 스치며 앞을 질러간다

시작과 끝을 알 수 없는 선을 그리며
낮은 집 처마로 들어가는 참새
세워놓은 합판 끝에 앉아 몸을 털고 있다

털어 버리자 털어 버리자
순간의 기억까지 털어버리자
하루에도 수십 번 결심을 한다

언제 시작했는지
떠오르는 생각들
끝을 알 수 없는 생각들

짧은 횡단을 마친 참새
쉬지 않고 몸을 털어낸다

로즈마리 화분

로즈마리 화분을 들여온 지
한 달도 못 되어
줄기부터 말라가기 시작했다

왜 모든 꽃들은 내게로 오면 죽는가
왜 모든 남자들은 내게로 오면 불행해지는가

로즈마리 화분을 들자
연하게 흔들리는 박하향
아직 나는
로즈마리의 기적을 믿지만

아무에게도 돌아서지 못하고 있다

인레이*

송편을 먹는데 뭔가 씹혀서 뱉어냈다
금니 조각이 나왔다

내 어금니 귀퉁이에 박았던 금니였다
제 몸에서 빠져나온 것도 몰랐다

틈이 생기면서 빠져버린 금니
그동안 버틴 것이 참으로 용하다
다행히 찌그러지지 않아 다시 끼우는데
발끝까지 오는 복숭아씨의 통증

6개월을 못 버티고 다시 빠져 버린 인레이
혀끝이 껄끄럽다
단련된 혀 잘도 피해다닌다

---

* 이의 썩은 부위를 제거하고 치아에 다른 물질로 끼우는 것

꽃동네 할머니

고양시 행신동 대로변
〈재개발 예정지 무단 경작금지〉
팻말 꽂힌 밭고랑에
뒤로 넘어질 듯 앉아
흙을 쥐어 어르며 반죽하듯 치댄다
고추모종 비닐을 다독다독 덮는다
까만 홑청 이불 밑으로
꼼지락거리던 발가락들
할머니 발치에 이랑을 이루었다

사춘기

앞서 걷는 남학생
뒷단 터진 바지 아래
오른발 운동화 끈이 풀렸다

걸을 때마다 왼발 등에 걸쳐진다
밟힐 것 같은 까만 끈
실뱀처럼 빠져나간다

걸음이 빨라질수록
머리 바짝 쳐드는 실뱀

버스정류장을 향해
끈 풀린 신발이 뛰어간다
버스 계단을 오르는 내 눈
절벽을 오르내린다

버드나무 이파리에 찔린 깊은 강

지하철 6호선 안,
버드나무 이파리 같은 눈의 소년
슬그머니 다가와 내 허벅지를 만지고 도망가네
나는 놀라 소리를 질렀네
소년은 건너편에 앉아 눈치만 살피고 있네

왜 하필
젊지도 어리지도 않는 나란 말인가

나는 소년을 노려보았네
소년은 애써 나를 외면하며
제 바지 속에 손을 넣고 저를 만지고 있네

아직 봄은 이른데
봄은 먼데
물관에 물 흐르는 소리
물줄기 휘어져 오르는 소리

나는 왜 저 어린 남자를 노려보고 있나

버드나무 물관에 물 차오르는 소리 알지 못하는데
버드나무 이파리 물 위 스쳐도
강은 소요 없이 흐르는데

무궁화 꽃이 피었습니다

곡우 아침,
나의 걸음이 너무 컸나 보다
참새 떼 후드득 날아올라
잎 틔우지 않은
라일락 젖은 가지가
경련을 일으킨다

내가 부르지 않아야 그가 온다
돌아보지 않아야 그가 온다

너무 외쳐서
목이 다 쉬었다

발문

오래된 연애, 파토스, 그리고

오인태 시인 · 문학평론가

1

시집의 발문이나 해설을 쓰기 위해 시인의 작품을 읽는 데는 시인을 잘 안다는 것이 오히려 방해가 될 수도 있겠다. 텍스트 외적인 요인들을 되도록이면 배제하려는 텍스트비평의 입장이라면 더욱 그럴 테다. 그럼에도 시인이 시를 쓰기 전부터 알고 지내던, 그리하여 시력과 함께 삶의 이력까지 꽤 가까이서 지켜봐 온 한 시인의, 그것도 첫 시집의 해설 청탁을 선뜻 받아들인 데는 그럴만한 까닭이 있다.

나는 해설이든 발문이든, 비평문이라기보다 가벼운 독후감 정도로 간주한다. 다만 책이 되기 전의 원고를 예비

독자보다 먼저 읽은 상태에서 쓴 감상문이라는 점이 여느 독후감과 좀 다를 뿐이라고 생각하고 있다. 그래서 시집 뒤쪽에 붙이는 글이 마치 길라잡이 글의 모양새를 띄기 일쑤이나 굳이 이런 글을 쓰는 것은 무슨 도로안내도나 관광지도처럼 특정한 좌표를 알려주는 일이 아니라 그 자체가 하나의 텍스트를 주관적으로 수용하여 또 다른 텍스트를 생산하는 작업이다. 그렇다면 나 또한 시를 쓰는 사람이니 그다지 부담감을 가질 일이 아니지 않은가.

모든 문학작품은 주관의 산물이다. 본질적으로 주관적인 문학텍스트를 객관화하여 해석하려는 텍스트비평은 그래서 한계를 가질 수밖에 없다. 텍스트를 주관적으로 읽는 일이야말로 오히려 해석의 오류를 피할 수 있는 방도다. 다만 시인의 의도에 좀 더 가깝게 텍스트를 읽기 위해서는 텍스트들을 관통하는 주된 의식을 표상하는 언어, 즉 핵심시어를 찾는 일이 필요하다. 텍스트의 속살을 들여다볼 수 있는 열쇳말 말이다.

열쇳말은 텍스트에 직접 드러나기도 하고 은폐되기도 한다. 열쇳말을 찾는 데는 오히려 시인을 잘 안다는 것이 순기능으로 작용할 수도 있겠다는 생각이 글의 청탁을 사양하지 않은 또 다른 이유다. 결국 시에 대한 독후감, 또는 비평문 쓰기란 시의 열쇳말을 찾아 시인의 경험과 자신의 경험을 일치하는 과정에서의 심리적 반응을 이중적으로 기호화하는 작업일 테다. 물론 이는 매우 주관적이고 창조적인 일이다. 비평문을 문학텍스트로 인정하는 까닭이 바로 여기 있다.

요컨대, 이 발문도 시인의 시를 재료로 한 것이지만 그와는 별개의 주관적인 텍스트로 봐달라는 것이다. 시집의 시편들과 동시에 읽혀질 이 글이 혹여 시인의 시에 대한 선입견으로 작용하여 자유로운 시 읽기에 방해가 될까, 우려해서 하는 말이다.

2

말머리에서부터 구구하게 이 글을 쓰게 된 사정을 장광설로 늘어놓은 것은 그만큼 조심스러워서다. 글쓰기에서도 인간관계에서도 오만하달 정도로 거침없고 당당한 나도 서양숙 시인한테는 이렇듯 착한 동생처럼 늘 다소곳하지 않은가. 맞다. 서양숙 시인은 내게 누님이나 마찬가지인 분이다. 그래서 나는 시인을 '양수기 누나'라 부른다. 물리적 나이로도 나보다 몇 살인가 많으니 전혀 어색할 것 없이 자연스럽다. 남들이야 어떻게 보든 상관없다.

시인을 안 지 벌써 십년 세월이 지났지만, 그동안 우린 한 번도 얼굴을 붉히거나 서로 마음을 불편하게 한 적이 없는 걸로 기억한다. 어릴 때부터 알고 지내던 사이도 아니고 이천 년대 초반, 참으로 우연한 인연으로 만나서는 쭉 그래왔다. 친남매지간에도 쉽지 않은 일이 어떻게 가능했을까.

우리는 서로에게 욕심도 없고 바람도 없다. 욕심이 없으니 불만이 있을 리 없고, 바람이 없으니 불평이 있을 것도 없다. 평소에는 별 생각 없이 서로 자기 삶에 묻혀 살다가 문득 안부가 궁금해서 전화라도 하면 늘 그 자리에 있다. 들머리에서 시인의 시력과 이력을 꿰고 있는 것처럼 말했지만, 사실 우리는 서로의 일상에 대해서는 잘 모른다. 굳이 알려고 하지도 않는다. 아니, 서로의 일상에 개입하는, 그런 관계가 아니라고 하는 편이 맞겠다. 그러면서도 좋은 일이 있으면 가장 먼저 축하받고 싶고, 마음 상한 일이 있으면 가장 먼저 위로받고 싶은 사람이기도 하니 도대체 이런 관계는 어떤 관계인가. 특별한 듯하면서도 별로 특별하지 않은 관계, 그다지 특별하지 않은 듯하면서도 뭔가 특별한, 실은 이런 애매모호한 관계가 바로 시인과 나를 십년 이상 '별탈' 없는 관계로 유지시킨 메커니즘이 아닐까.

> 논냉이꽃 점점이 핀 화원을 걸어 들어간다
> 꽃무늬 팬티를 걷어 손 다림질을 하고 있다
> 줄기 끊어진 논냉이 꽃이 보인다

색 바랜 꽃잎이 있다
꽃 이파리 떨어져 나간 꽃도 있다
누가 이 화원을 다녀갔는가
빨래줄 얹어있던 자국
손바닥을 밀어 다려본다
몇 번을 삶아 느슨해진 고무줄
오래된 화원 울타리 헐어져 있다
다녀간 흔적이 숨어있다 다시 피어오른다
논냉이꽃 다시 피어난다
손 다림 지날 때마다
봉오리 톡톡 터트리고 있다
팬티 가득 냉이냄새 진동한다

—「화원」 전문

고백컨대, 나는 그동안 시인의 시를 몇 편 읽지 못했다. 공개된 자리에서 습작품 몇 편을 읽고는 '시 쓰겠다'고 내심 대견해하며 창작에 대한 몇 가지 조언을 했던 기억만 남아 있을 뿐이다. 이후, 어느 문예지를 통해 등단했다는 소식을 들었고, 이름을 대면 알만한 시인과 함께 창작 공부를 한다는 얘기도 무심결에 들었던 것 같다. 그런데 얼마 전에 시인이 시집을 내겠노라며 건넨 원고를 읽으며 나는 시인과는 사뭇 다른, 아주 낯선 시의 화자를 만나는 당황스러움과 설렘을 동시에 느꼈다. 사실은 시인과 시의 화자가 다른 것이 아니라 내가 시인의 페르소나를 잘 몰랐던 것이다.

무엇보다 시를 읽으며 '아, 양수기 누나가 여자였구나' 하는 자각은 설레면서도 묘한 아픔을 동반했다. 빨아 말린, 이제는 색이 바래지고 '울타리마저 헐어진' 논냉이꽃 무늬의 팬티를 손으로 다림질하며 오래전에 다녀간 사랑의 흔적을 다시 피워 올리는 여심이라니. 아, 시인은 나를 만나기 전에도 여인이었고, 나를 만나는 동안에도 여인이었으며, 지금도 여전히 향기로운 논냉이꽃 같은 여인이었음에야. 이 빤한 사실을 내가 깜빡 잊고 있었으니…….

3

정작 내가 놀란 것은 시인이 새삼 여자임을 확인한 데서가 아니라 언제 이렇게 원숙한 시인으로 성장(?)했는가에 대해서다. 그는 하고많은 시인 가운데 한 사람의 시인, 이를테면 '고만고만한 시인'이 아니라 이미 나름의 독특한 시적 세계관과 발성법을 터득하여 우리 시의 한 자락을 붙들고 있는 '괄목할만한 시인'이 되어있었다. 물론 시인의 이런 막중하고도 영광스런 역할은 사회적인 것이 아니라 오롯이 개인적인, 즉 한 편, 한 편의 시를 통해 실현된다.

한 시인은, 한 편의 시는 그래서 곧 세계가 되는 것이다.

가끔은 오래된 저 여관에 들고 싶어
엉거주춤 일어나 형광등 끈을 잡아당기는 그 연애
이불 밑 깊숙이 손을 넣고 앉았는데 어느새
쥐가 들어와 입술을 깨물어 깠다는 거짓말 같은 연애
벌건 목덜미에 붕대를 감은 그 핑계의 연애
나보다 더 수줍어 주전자 슬쩍 내밀던
내 또래 아가씨의 푸릇한 그 연애
내 이름을 써야 할지 미운 놈 이름 써야 할지
고민할 것도 없이 숙박계에 내 이름 한 번
크게 또박거리며 쓰고 싶어
그래, 가끔은 비디오도 음악도 없는 그 낡은 연애
지퍼 사이에 블라우스 단추가 함부로 끼어드는 그 연애
두루마리 화장지 베고 누웠던 그 연애
깨진 타일 벽 나무 대문의 저 여관
저 벽을 열고 다시 그곳에 들고 싶어

—「오래된 연애」 전문

"쥐가 들어와 입술을 깨물어 깠다는 거짓말 같은 연애"라니. "지퍼 사이에 블라우스 단추가 함부로 끼어드는 그" 연애라니. "숙박계"에 "벌건 목덜미"처럼 또렷하게 흔적을 남기는 그런 연애라니. 누구나 한 번씩은, 아니 옛날에는 다 그런 식으로 했던 연애를, 그 "오래된" 추억의 여관을 시인은 다시 "들고 싶어" 한다. 그리하여 그런 연애를 꿈꾼다. 가능한가.

모든 소망은 부재상황에서 비롯되는 법이다. 소망한다는 것은 지금은 없는 것이 앞으로는 있었으면 하는 기대심리다. 이런 기대가 지금은 없지만 미래에는 현실화될 가능성이 조금이라도 있다면 희망적인 것이 될 테다. 그러나 이미 지나간 과거가 다시 현실로 재현되기를 바라는 것이라면 절망과 좌절에 부딪히기 마련이다. 한 번 지나간 시간은 다시 오지 않으므로. 그래서 시인의 '오래된 연애'의 시간은 과거의 시간일 뿐이지, 과거에서 현재로 이어진, 미래에도 이어질 영속의 시간이 아니다. 시인도 이를 알고 있다. 과거의 시간과 현재 시간 사이에 열 수 없는 '벽'이 있음을. 그 단절의 벽 앞에 시인은 지금 서 있다.

나는 다곤 신전으로 걸어 들어가네
육중한 메토프를 받히고 있는 기둥 사이를 들어가네
멀지 않은 기둥과 기둥 사이, 깊은 안개가 흐르네
벽과 벽이 마주보는 곳에 어두움이 차 있네

엑스레이 판독전광판 위 내 가슴뼈

오래전, 내 조상들이 가장 신성한
뼈와 뼈들로 맞추어 놓은 신전

텅 빈 흉곽에서 두런거리는 소리 들리네
회색공기를 몰고 데릴라가 걸어 들어가네
음탕한 바람이 가득 차 있네
머리카락 잘린 삼손이
내려앉는 메토프 아래 웅크리고 앉아 있네

—「내 신전을 다녀온 적이 있었네」 일부

'오래된 시간'의 단절은 신전의 "메토프를 받히고 있는 기둥 사이"를 "깊은 안개" "어둠" "회색공기" "음탕한 바람"으로 가득 채우고 있다. 이러한 파토스는 바로 오래된 시간의 단절에서 온 것일 터, 시인의 시가 여성적인 서정성의 따뜻함보다는 파토스가 주는 고통스런 긴장감으로 다가오는 것은 이런 까닭에서일 것이다. 아, 그래서 아팠던 것이구나.

하나의 문을 여는 열쇠는 오직 하나다. 시인의 시의 '화원'을 여는 열쇳말은 무엇인가. 바로 '오래된 시간'이다. 그 오래된 시간은 "오래된 연애"의 시간이고, "오래된 인레이 속 냄새나는" 시간이고, "오래전, 내 조상들이 가장 신성한 뼈와 뼈들로 맞추어 놓은 신전"의 시간이고, "수백 년간의 침묵"의 시간이다. 그런가 하면 "논냉이꽃" 향기 피어오르는 "오래된 화원"의 시간이며 "긴 세월 같이" "뜨거운 칼국수를" "먹어왔던"시간이다. 그 가운데 한 지점, 십년 세월을 시인과 함께 했으니, 기호화된 십년의 시간을 엿보고 싶은 호기심이 감히 '누님의 방'의 열쇠를 찾아 손에 쥐게 했겠지만, 기웃거릴수록 감정의 결이 설렘에서 아픔으로 직조되는 것을 어쩌랴.

4

그렇다고, 시인의 시적자아가 대상에 대해 막무가내로 적대적이거나 냉소적인 자세를 취하고 있는 건 아니다. 파토스가 시적자아와 대상 간의 부조화와 불화에서 오는 것이라면 서정성은 시적자아와 대상 간의 동일화를 통해 담보되는 바, 시인의 대상을 바라보는 눈길이 자못 너그러워지고 담담해지고 있다는 방증은 곳곳에서 발견된다. "자라고 자라는 사랑이/상처를 내고 부러지는 것을/결국은 잘라내야 하는 것을//길어갈수록 잘 다듬어야/손을 꼭 쥐어도 아프지 않은 것을(「손톱」 일부)" 시인이 이미 알기 때문이다.

울지 마라

세상에 있는 연애들이여
그대들 뜨거울 때 세상은 저편에서 모른 척했다
지금 울고 있는 연애들아
어찌 슬프다 말하지 못하고 비밀을 가졌느뇨
세상은 그대 연애들로 인해 흐려진 적 있었으니
창 밖 흩날리는 눈이 어찌
그대들 때문이라고 말하지 않을 수 있겠느냐
흐려진 눈빛이여
그 눈물이 어디 마지막일까
연애는 지금도 여기저기 미친 듯 뛰어다니는 것을
이제 뛰어 다니는 발길에 멍들지 않기를 바라노니
연애에 있어 처음의 첫, 이라는 것은 늘 생성하는 것이니
지나간 연애에게 할 말 없으리
이렇게 담담히 말할 수 있는 연애여
끝내 호명해버린
단단히 박힌 군살 같은 내 사람 이름이여

—「이름이여」 전문

절경은 시가 되지 못하고 연애를 할 때는 연애시를 쓰지 못한다고들 말한다. 맞는 말이다. 아름다운 경치를 만나면 동화되어 거기에 온전히 스며드는 일이 먼저지, 무릇 시인이라면 시를 쓴답시고 종이쪼가리를 꺼내서 끼적이

는 따위, 덜 떨어진 짓은 하지 않을 테다. 마찬가지로 한창 불붙는 연애를 하고 있는 판에 연애시를 쓴답시고 머리를 싸매고 있는 작자가 있다면, 모자라도 한참 모자라는 시인이든지, 연애를 제대로 하지 못하든지 둘 중 하나에 해당할 것이다.

시나 연애나 동화로든지 투사로든지 자아와 대상이 한몸이 된, 즉 물아일체의 상태에서는 자아도 대상도 분별되지 않는 법이다. 물아가 오롯이 하나가 되는 절정의 순간이 지나고 둘 사이에 어느 정도 거리가 생겼을 때에야 그것이 비로소 사랑이었음을 깨닫게 되는 것이다. 그때서야 비로소 '사랑'을 호명할 수 있음을, 그렇지 않던가?

시인이 사랑을, "내 사람 이름"을 "담담히" "호명"할 수 있다는 것은 그 사랑이 이미 지나간 것임을 반증한다. 이제 시인은 군살이 된 스스로의 사랑의 상처로 "세상에 있는 연애들"을 위로하고 있는 것이니, 시인의 시를 읽는 동안 줄곧 아프면서도 끝내는 적이 안심되는 이유가 바로 이런 치유와 화해의 징후들 때문이리라.

5

글을 쓰기 시작하기까지 뭉그적거려서 그렇지 일단 시작하면 일필휘지하는 스타일인 내가 이 글을 쓰면서는 무

척 힘들었다는 것을 이제야 고백한다. 시의 행간에 혓바늘처럼 돋아있는 시인의 날카로운 파토스를 읽는 일도 아팠지만, 공교롭게도 사람에 대한 회의와 절망이 해일처럼 나를 덮쳐온 이즈음이다. 시인에게 사람에 대한, 마침내 세상에 대한 회의와 절망만큼 더 치명적인 상처가 무에 있겠는가.

시인은 본능적으로 세계의 문제를 자아의 문제로 인식하는 존재다. 그래서 세계의 아주 미묘하고도 사소한 움직임에까지 민감하게 반응한다. 세계를 사랑하기 때문이다. 그래서 시인은 끊임없이 세계와의 동일화를 추구한다. 세계, 즉 대상에 대한 신뢰와 사랑 없이 시를 쓴다는 건 상상할 수가 없다.

어느 때보다 사람의 문제에 대해 깊은 관심과 애정을 기울였던 최근 몇 해 동안, 그 이전까지 만났던 열 배 정도의 사람을 만났고, 그 이전까지 헤어졌던 백 배 정도의 사람이 떠나갔다. 특히나 한 곳을 바라보고 있다고 생각했던 사람이, 사람들이 하루아침에 뿔뿔이 흩어져 나와 다른 곳을 바라보며 내달려가고 있을 때, 더러는 사정없이 내 뒷덜미를 후려치고 넘어진 나를 잔인하게 밟고 지나가는 아주 낯익은 이들의 아주 낯선 등을 바라볼 때, 그리하여 다시 내가 시를 쓸 수 있을까를 번민하고 절망할 때, 여전히 그 자리를 묵묵히 지켜주고 있는 서양숙 시인은, 상처

받은 나를 위로하는 시인의 시는 그래서 더 소중하고 각별할 수밖에 없다.

내 영혼의 오랜 누님이여, 시인이여, 마침내 시여. 축복받을진저.

문학의전당 시인선 132

너무 오래 걸었다

© 서양숙

초판 1쇄 발행 2012년 8월 25일
지은이 서양숙
펴낸이 김석봉
펴낸곳 문학의전당
출판등록 제311-2012-000043호
주소 서울시 은평구 연서로11길 7-5 401호
편집실 서울시 마포구 공덕2동 404 풍림VIP빌딩 413호
전화 02-852-1977
팩스 02-852-1978
블로그 http://blog.naver.com/mhjd2003
전자우편 sbpoem@hanmail.net

ISBN 978-89-98096-00-7 03810